CATALOGUE

D'UNE

RICHE ET NOMBREUSE COLLECTION

DE

MONNAIES & MÉDAILLES

ANCIENNES, DU MOYEN-AGE ET MODERNES,

D'une suite rare de Monnaies des Papes, depuis l'Année 795 jusqu'à nos jours, et de Médailles modernes françaises depuis 1800 a 1848,

DE

TABLEAUX, DESSINS, ESTAMPES,

ET OBJETS DE CURIOSITÉ,

Qui composaient le Cabinet de M. le Lieutenant-Général DE GAZAN,

DONT LA VENTE AURA LIEU

PAR SUITE DE SON DÉCÈS,

LE LUNDI 3 DÉCEMBRE 1849 ET LES CINQ JOURS SUIVANTS
Pour les Médailles,

ET LE LUNDI 10 DÉCEMBRE
Pour les Tableaux et Curiosités,

A UNE HEURE PRÉCISE DE RELEVÉE.

EN SON DOMICILE,

Rue Grange-Batelière, N° 11,

Par le ministère de Me FOURNEL, Commissaire-Priseur.

EXPOSITION PUBLIQUE

Le matin de chaque vacation, de 11 heures à une heure pour les Médailles, et le Dimanche 9 Décembre, de midi à 4 heures, pour les Tableaux, Dessins et Curiosités.

SE DISTRIBUE A PARIS,

Chez MM. **FOURNEL**, Commissaire-Priseur, rue de la Chaise, 8;
ROLLIN, Antiquaire, rue Vivienne, 12;
DEFER, quai Voltaire, 21.

1849.

CATALOGUE

D'UNE

RICHE ET NOMBREUSE COLLECTION

DE

MONNAIES & MÉDAILLES

ANCIENNES, DU MOYEN-AGE ET MODERNES,

D'une suite rare de Monnaies des Papes, depuis l'Année 795 jusqu'à nos jours, et de Médailles modernes françaises depuis 1800 à 1848,

DE

TABLEAUX, DESSINS, ESTAMPES,

ET OBJETS DE CURIOSITÉ,

Qui composaient le Cabinet de M. le Lieutenant-Général DE GAZAN,

DONT LA VENTE AURA LIEU

PAR SUITE DE SON DÉCÈS,

LE LUNDI 3 DÉCEMBRE 1849 ET LES CINQ JOURS SUIVANTS

Pour les Médailles,

ET LE LUNDI 10 DÉCEMBRE

Pour les Tableaux et Curiosités,

A UNE HEURE PRÉCISE DE RELEVÉE.

EN SON DOMICILE,

Rue Grange-Batelière, N° 11,

Par le ministère de Me FOURNEL, Commissaire-Priseur.

EXPOSITION PUBLIQUE

Le matin de chaque vacation, de 11 heures à une heure pour les Médailles, et le Dimanche 9 Décembre, de midi à 4 heures, pour les Tableaux, Dessins et Curiosités.

SE DISTRIBUE A PARIS,

Chez MM. **FOURNEL**, Commissaire-Priseur, rue de la Chaise, 8;
ROLLIN, Antiquaire, rue Vivienne, 8;
DEFER, quai Voltaire, 21.

1849.

AVERTISSEMENT.

Ayant fait notre Catalogue dans l'ordre de l'inventaire qui a été fait après le décès du général, et telle que les monnaies étaient placées dans les médaillers et boites. Nous l'avons fait précéder d'une table des matières renvoyant aux numéros pour faciliter les recherches.

Dans les lots trop nombreux et où il se trouvera des monnaies doubles, il pourra être fait des divisions.

ORDRE DES VACATIONS.

Le Lundi 3 décembre et les cinq jours suivants.

Les Monnaies et Médailles du n° 1 à 531, en suivant l'ordre numérique.

Le lundi 10 décembre.

Les Tableaux, Dessins et Curiosités.

Il y aura Exposition des médailles le matin de chaque vacation, de onze heures à une heure.

Au comptant et cinq pour cent en sus des enchères, applicables aux frais.

La vente des livres composant la Bibliothèque précèdera celle des Médailles. Le Catalogue se distribue chez le Commissaire-Priseur et M. Techener, libraire, place du Louvre, n° 20.

TABLE DES MATIÈRES.

AVANT-PROPOS.

La Collection de Monnaies et Médailles en or, en argent et bronze, dont nous sommes chargés de diriger la vente, est une des plus importantes parmi celles qui ont été livrées aux enchères. Dans plus de 10,000 pièces dont cette Collection se compose, on trouve l'histoire numismatique des quatre parties du monde. Nous citerons principalement en EUROPE, pour la *France*, une réunion de monnaies des premiers rois carlovingiens et capétiens jusqu'à nos jours. Pour l'*Angleterre*, depuis les monnaies anglo-saxonnes jusqu'à la reine Victoria. Une suite de monnaies du XIVe au XIXe siècle pour l'*Allemagne*, les *Pays-Bas*, la *Hollande*, la *Suisse*, la *Russie*, la *Suède*, le *Danemarck*. L'intéressante série des *Médicis* et des villes de la *Toscane*, des *Etats Romains*, du *Piémont*, de la *Savoie*, les monnaies des *doges de Venise*, et celles pour l'Espagne et le Portugal. Pour l'AMÉRIQUE du sud et septentrionale, les Etats-Unis et les nouvelles républiques. Pour l'ASIE et l'AFRIQUE, des monnaies indiennes, arabes, turques, régence de Tunis, d'Alger, Tétouan et autres pays.

Une numismatique des PAPES depuis l'an 775 jusqu'à Pie IX. Cette suite, une des plus complètes connues et dont toute l'Italie a été tributaire, était l'objet de prédilection de M. le lieutenant-général de Gazan, sa position à Ancône où il commandait lors de l'expédition française en 1837, ses relations avec les autorités et les habitants du pays, la bienveillance qui l'entourait due à l'urbanité de ses manières et la noblesse de son caractère, aidèrent à rendre ses recherches plus fructueuses, et à faire de cette suite l'une des plus remarquables de son cabinet.

Quelques monnaies antiques grecques, romaines et gauloises. Quelques-unes de rares, dont une médaille d'or de Caracalla avec mouture antique en or.

Dans les médailles modernes, des séries curieuses d'essais en or et en argent de monnaies sous Louis-Philippe, essais de monnaies à l'effigie de la reine Victoria, dont l'écu en or.

Des médailles en argent et en bronze grand module, sur les événements de l'Empire, la Restauration, Louis-Philippe, plusieurs rares n'ayant pas été dans le commerce, et une suite de toutes celles frappées depuis la Révolution de 1848.

Parmi les TABLEAUX ET DESSINS qui ornaient l'appartement du général, nous ferons remarquer un tableau d'intérieur de *Peter Neefs*, une bataille de *Meyer*, en 1645. Quelques portraits de personnages contemporains. Des dessins par *Géricault*, *Girodet*, MM. *Decamps*, *Alaux*, *Hubert*, *Jacquand*, etc.

Quelques miniatures, fixés, et quelques objets de curiosités, bronze, ivoire, armes, etc.

CATALOGUE

DE

MONNAIES & MÉDAILLES

DU MOYEN-AGE ET MODERNES.

FRANCE.

Rois de France, Seconde Race.

CARLOVINGIENS.

1 — *Louis le Débonnaire*, christiana religio et venetias.

2 — *Charlemagne*, une pièce avec l'ancien type, une avec le grand monogramme et un metullo.

3 — *Louis le Bègue*, 1 p., *Charles le Chauve* du Mans, 1 p., et *Trois Charles III*, métaelo.

4 — *Charles le Gros*, 2 p. d'Arles, et 1 p. de Quintowic.

4 — *Carleman* d'Arles, 1 p., *Eudes de Limoges*, 1 p.

6 — *Lothaire, empereur*, et *Léon IV, pape*, 1 p.

7 — *Pepin d'Aquitaine*, 1 p., *Louis VII* de Nevers, 1 p.

Troisième Race.

CAPÉTIENS.

8 — *Philippe Ier*, Etampes.

9 — *Louis VI*, *Louis VII*, *Louis VIII*, *Paris*, Etampes, Château-Landon, Orléans, Mantes, Pontoise, Bourges et Senlis, 15. p, en argent.

10 — *Louis IX*, *Philippe III*, *Philippe IV*, *Philippe V*, *Philippe VI*, 21 pièces en argent.

11 — *Jean*, 3 p., *Philippe VI*, 2 p.

12 — *Charles IV*, *Charles V*, *Charles VI*, *Charles VII*, *Charles VIII*, 36 p., billon.

13 — *Charles VIII*, 1 p. frappée en bronze à Aquilée, *Henri VI*, 1 p. et *François Ier*, 2 p.

14 — *Louis XII*, 2 p. avec la tête, frappe moderne, en argent, et 1 p. frappée en bronze à Naples.

15 — *François Ier*, 8 testons, 1 blanc et 2 jetons.

16 — *Charles IX*, *Charles X*, *Henri II*, *Henri III*, 43 p. billon.

17 — *Henri II*, 18 testons et demi-testons dont un doré

18 — *François II* et *Marie Stuart*, 3 p. et 2 jetons de *Marie Stuart*.

19 — *Charles IX*, 8 testons et demi-testons.

20 — *Henri III*, 17 demi-francs, quart de francs et testons.

21 — *Henri III*, 5 demi-écus, quart d'écus et une médaille.

22 *Henri III à Louis XIV* inclusivement, demi-tournois, double tournois et liards, 75 pièces en bronze.

23 — *Charles X, Henri III, Henri IV*, 21 blancs, 2 deniers pour épouser, un double tournois et un denier tournois de *Louis XIII*.

24 — *Charles X* et *Henri IV*, 13 demi-écus.

25 — *Henri IV*, 6 demi-francs et quart de francs. *Henri II*, roi de Navarre, 1 quart d'écu et 3 demi-francs.

26 — *Henri III et Jeanne, Antoine et Jeanne, reine de Navarre*, sept quart d'écus, *Henri IV et sa femme*, médaille. *Henri IV*, une médaille frappe moderne. *Charles X*, une médaille. *Marie de Médicis*, un jeton.

27 — *Henri IV*, Pié-fort, 1 p. et essai du quart de franc, 1 p.

28 — *Louis XIII*, Testons et quart d'écus, 14 p.

29 – *Louis XIII*, écus, 3 p. demi-écus, quart d'écus et divisions, 9 p.

30 — *Louis XIV*, écus, 16 pièces.

31 — *Louis XIV*, demi-écus, quart d'écus et divisions, 62 pièces.

32 — *Louis XV*, sous et demi-sous, 32 p., et 24 blancs de *Louis XV* et *Louis XVI*.

33 — *Louis XV*, écus, 12 p.

34 — Id. demi-écus et divisions, 40 p.

35 — Id. 5 pièces de Pondichéry et 1 denier pour épouser. Médailles de Louis XIV et Louis XV, 9 p, et jetons du même règne, 7 p.

36 — Médailles en bronze d'*Henri II*, *Louis XIII* et *Louis XIV*, 9 p.

MONNAIES D'OR DES ROIS DE FRANCE.

37 — *Philippe le Hardy*, royal, 1 p. or.
38 — *Philippe le Bel*, 1 p. or.
39 — *Charles V* et *Charles VI*, 2 p. or.
40 — *Henri VI*, 2 p. anglo-saxonnes, or.
41 — *Louis XII*, 1 p., *Charles VIII*, 1 p., *François Ier*, 2 p. or.
42 — *Louis XI*, 2 p. or.
43 — *Charles IX* et *Henri III*, 2 p. or.
44 — *Louis XIII*, 1 louis et 2 demi-louis d'or.
45 — *Louis XI*, 2 louis d'or.
46 — *Louis XV*, 2 louis d'or.

MONNAIES DE VILLES DE FRANCE.

47 — Strasbourg, 1 écu, 3 demi-écus et 16 petites pièces en argent de monnaies du XVIIe siècle.
48 — Doubles tournois et liards de divers seigneurs de France, 56 p. en bronze.
49 — Lorraine, 1 écu de *Charles III*, 1 écu de *Léopold de Lorraine*, 2 testons et 3 demi-testons d'Antoine.
50 — Lorraine, *Charles III*, *Charles IV* et *Léopold*, testons et demi-testons, 8 p.
51 — 21 petites pièces des princes de Lorraine.

LOUIS XVI, LA RÉPUBLIQUE ET L'EMPIRE.

52 — *Louis XVI*, écus de 6 livres, 6 p.
53 — Id. 1 écu de Droz.
54 — Id. demi-écus et divisions, 23 p.
55 — Id. Médailles des cinq victimes royales par Loos, 7 p. en argent.
56 — Id. Ecus de 6 livres au coq, 5 p.
57 — 3 p. 5 fr. de la République à l'effigie de Louis XVI.
58 — 8 pièces billon des isles, 8 sous et demi-sous de *Louis XVI* et 12 jetons de *Louis XIV*, *Louis XV* et *Louis XVI*.
59 — 4 médailles et 5 jetons en argent de *Louis XVI*.

MONNAIES D'OR.

60 — *Louis XVI*, 1 double louis et 2 louis.
61 — *Louis XVI*, 1 louis constitutionnel et 1 p. 24 fr. de la République.
62 — RÉPUBLIQUE, 17 p. en argent, 5 décimes, 2 décimes de l'an VIII, par *Lefèvre, Lesage et Comp^{e}, manufacture de Crussol*, etc.
63 — *République*, monnerons et petits monnerons à l'Hercule, 9 p., 25 centimes de l'an III. Essai Brezin, etc.
64 — 10 pièces en partie variées, dite métal de cloche.
65 — 9 pièces d'essai, au Génie, à la fédération, etc.

66 — Monnerons divers, 13 p.

67 — Sous, demi-sous, liards et décimes sous la République, 49 p.

68 — 1 pièce de 5 fr., 1 monneron de *Brezin* en argent, et 8 monnerons et jetons de la République, en bronze.

69 — Consulat, 1 p. de 5 fr. de Bonaparte, Ier consul, et 9 divisions de franc du consulat.

70 — Empire, 5 fr. de l'an XIII, XIV et 1807, 1808, par Brennet et Tiolier, 18 p.

71 — 55 p. de 2 fr., 1 fr., demi-francs et quart de francs.

72 — Pièce 5 fr. de Droz, une en argent et un essai en bronze.

73 — 8 p. 20 fr. en or de diverses années de l'empire.

74 — 9 p. 5 fr., 1 p. 2 fr. et 1 de 1 fr. de Napoléon empereur.

75 — Un essai de Gatteaux de l'an X et 2 p. 10 fr. de l'Ile de France.

76 — 10 cent. à l'aigle de Napoléon, 2 jetons de Gengenbre, 3 jetons d'argent, 1801, *Paix et amitié entre la France et la Russie*, et 25 sous divers de *Strasbourg* et d'*Anvers*.

LOUIS XVIII, CHARLES X ET LOUIS-PHILIPPE.

1814 A 1850.

77 — *Louis XVIII*, médailles d'argent de 1814 et années suivantes, 16 p.

78 — Pièces 5 fr., 5 p. et divisions 6 p. pour 1814 et 1815.

79 — Cinq essais de 5 fr. de Louis XVIII, 1 en bronze doré, les autres en métal fusible, 9 décimes de Strasbourg et d'Anvers, 4 p. de 10 cent. de la Guyanne, 3 sous d'essai de Louis XVIII, et 1 jeton du duc d'Angoulême, en tout 25 p.

80 — 3 p. 5 fr. Napoléon, roi d'Italie, république Ligurienne, 2 p., divisions de francs, 14 p.

81 — 2 p. 30 sous de la république cisalpine, 4 p. en métal fusible de la république italienne, 18 sous et demi-sous de Napoléon, roi d'Italie.

82 — Diverses médailles à l'effigie du duc de Bordeaux, 7 p. en argent, 1 en bronze.

83 — *Charles X*, visite la Monnaie des médailles et 9 p. de 5 fr.

84 — Francs, demi-francs et quart de franc de Charles X, 17 p. argent, sous d'essai et des colonies, 16 p., bronze.

85 — Médaille, la Charte de 1814, 1 médaille de Charles X et 1 jeton du comte d'Artois.

86 — *Louis-Philippe*, 1 p. de 40 fr., 3 de 20 fr. en or.

87 — Essai en argent de la pièce 100 fr., 2 de la pièce 5 fr. au drapeau, 1 est abimée, et 4 essais au drapeau, en plomb.

88 — 33 pièces 5 fr. de Louis-Philippe, diverses années, divers graveurs.

89 — Pièces 2 fr., 1 fr., 50 cent. et 25 cent. de Louis-Philippe, 53 p.

90 — 10 cent. de la Guyanne, 4 p., 10 cent. de Lucy, 1 idem en plomb, 2 décimes du même, un essai de Bovy, et 2 p. en argent du Musée monnétaire.

91 — Deux essais de Tonnelier, un essai avec la tête de Louis XIII, un essai 1839, presse monnétaire et divers essais de pièces de 1839, 1846, 1847, en tout 12 p

92 — Quatre essais de 10 et 5 cent., cinq essais au coq, série complète, et une série de 5 p. refonte des monnaies de cuivre, et une autre de 5 p. d'un poids différent, en tout 19 p.

93 — Refonte des monnaies sous Louis-Philippe, sous et centimes, deux séries, 8 p., id. avec la Charte, 8 p., essais de 2 cent. à la couronne, 2 p.

94 — Sous des colonies françaises, 29 p., différents cuivres et métaux.

95 — Pièce 5 fr. de l'an XI, le même coin frappé en 1848, 1849, 3 p., 20 fr. en or de la République 1848, ancien coin Dupré. 2 p.

96 — 1 p. 5 fr. de Rogat, 1848.

97 — 1 p. 5 fr., essai de Montagny pour 1848, de 6 cent. 1848, et une de l'an VIII, ancien coin Dupré.

98 — Gouvernement provisoire de la Lombardie, 1848. 1 p. de 40 fr. et 1 de 20 fr. en or, et 2 p. 5 fr. en argent.

99 — Gouvernement constitutionnel de Francfort, thaler, 1848, 2 p. kreutzer, 1848, 2 p. Hongrie, 1833, 1 p. de 20 kreuzer. 1 p. de 4 baïochi 1849, et 15 cent. de Venise, 1848.

SUISSE.

MONNAIES DES CANTONS.

100 — *Suisse*, 1 p. le serment des trois Suisses. 2 p. françaises contremarquées à Berne, et 2 médailles d'argent vers 1700.

101 — *Basle*, 1 demi-ducat, 1 double écu, 8 écus et 22 p. en argent et billon, divers cantons.

102 — *Berne*, 2 ducats 1794, 1797, 7 écus et 43 p., divisions en argent et cuivre.

103 — *Grisons*, 3 p. de cinq Bath, 1807-1820, 1 écu de Schaffouse et 3 autres p.

104 — *Appenzel*, 2 écus et 3 p. diverses, argent et cuivre.

105 — *Saint-Gall*, 2 écus et 3 p. diverses, argent et billon.

106 — *Argau*, 1 écu 14 petites pièces diverses, 1848, etc.

107 — *Soleure*, 1 quart de ducat, 3 écus et 13 p. diverses.

108 — *Lucerne*, 2 écus et 22 p. diverses.

109 — *Schwiz*, *Ury* et *Zug*, 1 écu, 1 demi-écu et 15 p. diverses.

110 — *Fribourg*, *Glaris* et *Unterwald*, 2 écus et 24 pièces diverses.

111 — *République helvétique*, 2 écus, 14 p. diverses.

112 — *Zurich*, 5 écus, 5 demi-écus, et 14 p. diverses argent et billon.

113 — *Neuchâtel*, Marie, princesse de Neuchâtel, 1695, 4 p. Henri, prince de Neuchâtel, 1 p.

114 — *Neuchâtel*, écu, 1 p., demi-écu, 2 p. de 1760 à 1799, pièces diverses 17, en tout 20 p.

115 — *Neuchâtel*, 1 p. de 5 fr. de Berthier, en étain, 1 p. 2 fr. du même en argent, et 9 bath et demi-bath, du même, en tout 11 p.

116 — *Valais*, écu, 1 p., 1501, et 9 p. diverses. vaud, écu, 1 p., 1812, et 10 p. diverses, en tout 21 p.

117 — *Genève*, écu, 5 p., demi-écu, 3 p. 1723 à 1796. Divisions, argent, billon et cuivre, 76 p.

118 — *Genève*. 1 écu de la République, 1 p. de 10 fr., 1 de 5 fr. de 1848, 6 p. de centimes d'essai de 1849.

Belgique, Hollande, Hambourg et Grèce.

119 — *Pays-bas. Philippe II*, 2 demi-écus et 7 p. en cuivre. *Albert* et *Elisabeth*, 1 écu, 2 demi-écus et 8 p., en tout 20 p.

120 — *Philippe IV*, 2 pié-forts, 1636-1646, double écu de 1662, et 15 pièces diverses, argent et bronze.

121 — *Charles II*, 1 pié-fort et 1 double, 1666 à 1676.

122 — *Marie-Therèse*, 1754, écu, 2 p., demi-écu, 2 p. et divisions, 8 p. en argent et 20 en cuivre, en tout 32 p.

123 — *François II*, écu, 2 p., demi-écu, 2 p. et 5 p. en argent.

Joseph II, écu, 2 p., demi-écu, 1 p., divisions, 2 p. d'argent et 4 p. en bronze, en tout 17 p.

124 — *Utrecht, Overissel, Groningue; Vest-Frise* et *Zélande*, XVIIe siècle, 1 ducat, 6 écus, 4 demi-écus, 5 p. en argent et 2 en bronze.

125 — Les mêmes provinces, XVIIe siècle, écus, 7 p., demi-écus, 1 p., pièces en argent et en bronze, 15 pièces.

126 — HOLLANDE et LUXEMBOURG, 1 écu 1795, 24 p. en argent et billon, 1 pièce de 10 sous et 20 pièces en cuivre.

127 — *Hollande*, 3 ducats du prince Louis Napoléon, 2 écus, 3 p. de Java en cuivre et 2 p. d'essai de Salneuve.

128 — *Guillaume Ier*, 1819 et années suivantes, 1 p. de 3 gulden, 8 p. d'argent, 6 billon, 5 p. de cuivre.

129 — *Guillaume II*, 1843, 3 p. en or, de 10 gulden et 1 aussi en or de 5 gulden, 4 p. de deux gulden et demi, 3 p. de 1 gulden et 3 de 1 demi-gulden.

130 — *Léopold*, 1 p. en or de 25 fr., 1 p. de 5 fr., 7 divisions en argent, 1 médaille, le serment du roi en 1831, 21 juillet. 9 p. sous et centimes.

131 — Hambourg, 4 écus, 2 demi-écus et 25 petites pièces divisions, argent et billon, et 2 médailles pour les réformateurs Luther et autres.

132 — Grèce moderne, *Capo d'Istria*, 2 p. d'argent, 10 de cuivre. *Othon*, 2 p. de 5 drachmes, 8 p. divisions et 5 p. sous et centimes.

Angleterre, Ecosse et Irlande, Hanovre et Brunswick.

133 — Angleterre, 1 p. d'or anglo-saxonne de l'Heptarchie. *Alfred le Grand*, *Ethebred II*, *Canut*, *Edouard le Confesseur*, *Aethelstean*, 9 p. en argent.

134 — *Henri Ier*, *Henri II*, *Jean-sans-Terre*, *Edouard III*, *IV*, *Henri V*, *VI*, *VII*, *VIII*, 28 p. en argent.

135 — *Edouard VI*, écu, *Elisabeth*, écu, *Charles Ier*, double écu et 8 p. d'argent des mêmes règnes.

136 — *Charles Ier*, 4 écus et 9 p. diverses.

137 — *Philippe*, 1 p., *Marie Tudor*, 2 p., *Jacques VI* d'Ecosse, 11 p., *Philippe et Marie Tudor*, 1 p., *Marie Stuart* avec la tête, 1 p. Philippe II, 1 p., en tout 17 p.

138 — *Interrègne* 1653 à 56, 8 p. en argent.

139 — *Cromwel*, écu, demi-écu, schelling et 1 jeton, 4 p.

140 — *Charles II* et *Catherine*, 1670, médailles et jetons. *Charles II*, 2 écus, 1 demi-écu et 11 p. argent divisions, 2 jetons et 3 p. en bronze, en tout 21 p.

141 — *Jacques II*. 2 écus, 1 demi-écu, 8 p. d'argent, 1 écu faux de Jacques VIII et 1 jeton du prince de Galles.

142 — *Guillaume* et *Marie*, 3 écus, 10 p. en argent, 4 en bronze.

143 — La *Reine Anne*, médaille en argent, 1 écu, 2 demi-écus, 13 p. d'argent.

144 — *George Ier*, 1 quart de souverain, 1 écu, 2 demi-écus, 4 p. d'argent divisions et 9 en cuivre.

145 — *Caroline*, 1727, médaille d'argent. 3 écus de George II, 2 demi-écus, 11 p. d'argent et 6 de bronze.

146 — *George III*, 1 souverain, 1 demi-souverain, 1 quart de souverain, 1 écu, 1 demi-écu, 16 p. en argent et billon, 4 p. en plomb et cuivre.

147 — *George III*, 3 demi-souverains, 1 quart de souverain, 1 essai d'écu, de Mills, 1 essai du sou en argent, 3 beaux sous différents de 1790 et 24 sous et demi-sous.

148 — *George IV*, 1 souverain, demi-souverain, 2 écus, 5 demi-écus, 14 p. d'argent divisions, 15 p. en cuivre.

149 — *Guillaume IV*, 1 souverain, 2 demi-écus, 17 divisions en argent et 3 en bronze.

150 — *Victoria*, 2 souverains, 2 demi-souverains, 2 écus, 1 demi-écu et 2 médailles argent et cuivre.

151 — *Victoria*. Divisions de monnaie. 15 p. en argent, 12 p. en cuivre, 30 p. essais de monnaie en plomb et en cuivre.

152 — Médailles diverses, la plupart anglaises : 3 en argent, et 13 en bronze.

153 — *George III*, 3 écus, 2 demi-écus, 5 pièces d'argent, et de bronze.

154 — HANOVRE et BRUNSWICK, 1603 à 1670. *Henri d'Hanôvre*, 1 écu, *Henri* (Jules), 2 écus, *Christine*, 1 écu, *Frédéric Ier*, 1 écu.

155 — HANÔVRE, XVIIe siècle. *Rudolphe* et *Antoine Auguste*, 1 écu et 1 petite p. *George* (Louis), 1 écu et 2 p., *Charles*, 1 écu et 1 p., *Ernest*, 1 écu, 1 *Ernest-Auguste*, 1 grand écu et 4 p. en argent, billon.

156 — *Charles Guillaume*, 1 écu et 2 p., *George II*, 1 écu et 2 p., *George III*, 1 écu et 3 p. *George IV*, 1 demi-écu et 1 p.

157 — *Jérôme Napoléon*, roi de Westphalie, 1 p. de 10 thalers en or, 1811, 2 écus, 1811, 4 demi-écus, 1810-1811, 9 petites p. en billon, et 7 en cuivre.

158 — *Jérôme Napoléon*, 1811, 1 p. 20 fr. en or, 1 aussi en or de 10 fr., 2 p. 5 fr., et diverses p. 5 fr., 2 fr. et 50 c. 7 p.

159 — *Guillaume IV*, 1835, 3 thalers, *Ernest Auguste*, 1839, 2 thalers.

ITALIE.

160 — FLORENCE, 1400 à 1500, 2 florins et 8 p. d'argent.

161 — 1 p. d'or de Léon X, et 1 d'argent. *Alexandre de Médicis*, 1 en or et 2 en argent, et *Cosme de Médicis*, 7 p. d'argent, en tout 12 p.

162 — *François de Médicis*, 1574 à 1587, 1 écu, 3 p. et 1 *Cosme* 1567. *Ferdinand Ier*, 2 écus et 3 petites p.

163 — *Cosme II*, 2 écus et 1 p. *Ferdinand*, 3 écus et 4 petites p.

164 — *Cosme III*, 4 écu, 1 demi-écu, 3 petites p. en argent et 1 en cuivre.

165 — *Cosme III*, 4 écus, 1 demi-écu, 5 p. argent, 1 en cuivre.

166 — *Jean Gaston Ier*, monnaie d'or, 1 p., 2 écus, 1724, *François II*, 1 écu et 2 p. *François III*, 1 demi-écu.

167 — *Léopold* (Pierre), 1785, 4 écus, 1 demi-écu, et 6 p., *Léopold II*, 1 écu.

168 — *Léopold II*, 1 demi-écu et 2 petites p., *Ferdinand III*, 1 écu, et 1 p., *Louis Ier*, 1 écu *Charles-Louis* et *Marie-Louise*, 3 écus et 1 demi-écu.

169 — *Félix* et *Elisa*, 1807, 1 p. de 5 fr., 2 de 1 fr. *Ferdinand III*, 1814, 1 écu, 1 demi-écu, *Léopold II*, 1826, 2 écus, 2 demi-écus, 6 p. en argent, 1 p. omise de *Ferdinand III* en argent, et 14 p. en cuivre des mêmes règnes, en tout 28 p.

170 — *Félix* et *Elisa*, 3 p. de 5 fr., 2 de 1 fr., et 2 monnaies de cuivre.

171 — République de Lucque, 1749 à 1753, 2 écus, 11 p. divisions en argent, et 2 de cuivre.

172 — *A Marie-Louise*, *Joséphine* en 1801, 1 médaille en argent, et 3 en bronze. *Charles-Louis Ier*, 1837, 4 p. en argent, plus 34 p. liards etc. en bronze, de divers princes de Toscane, de 1700 à nos jours.

173 — Parme. *P.-L. Farnèse*, 1546, 1 médaille en bronze, *Octave Farnèse*, 3 petites p. en argent. *Alex. Farnèse*, 1597, 1 double ducaton, 3 écus de 1574 à 1591, et 1 petite p.

174 — *Ranus Farnèse*, 1615, écu et petite p. *Ed. Farnèse*, 3 écus 1626-29, 1 écu de *Ranus II* et 3 petites p. du même.

175 — *François Farnèse*, 2 p. dont 1 billon, *Ferdinand Ier*, 1 écu 1797, 3 petites p. en argent, 5 billon et 9 petites p. en cuivre.

176 — *Marie-Louise*, 1 médaille en argent, 1816, 1 p. de 20 fr. en or, 1 de 5 fr., 5 divisions en argent, et 2 en bronze.

177 — FERRARE. *Borso d'Est*, 1450 à 1471, 1 p. d'or, 3 testons et 1 demi-teston. *Hercule Ier*, 3 p. en bronze.

178 — *Hercule II*. 2 p. en argent, 1 en cuivre, *Alphonse II*, 1 p. en or et 1 en argent, *César d'Est*, 1 p. en argent, *Modène*, 3 p. en argent et 1 en billon, *Clément VIII, duc de Parme*, 1 p. en argent, 11 p. en tout.

179 — MODÈNE. *Alphonse III*, 1 teston, *François Ier*, 1 p. d'argent et 1 petite p., *Alphonse IV*, 1 p. d'argent, *François II*, 1 p. en argent, 1 en cuivre, *Reno*, 1694 à 1737, 1 écu et 1 demi écu, *François III*, 1 écu, 2 p. en argent et 1 p. en cuivre, en tout 12 p.

180 — MODÈNE. *Léopold II*, 1790, 1 écu, *Hercule III*, 1796 à 1782, 7 écus, demi-écu, quart d'écu. 5 p.

181 — MILAN. *Mathieu II*, *Galeas II*, *Bernabo*, *Bonna*, *Jean Marie Visconti*, *Philippe* et *Marie Visconti*, *Galeas-Marie Sforce*, *Jean-Galeas-Marie Sforce*, *Jean Galeas* et *Louis More*, de 1354 à 1500, 15 p. en argent.

182 — *Louis XII*, roi de France, teston frappé à Milan, avec saint Ambroise à cheval.

183 — *Louis XII*, roi, pièce frappée à Milan, gros d'argent.

184 — *Louis More* et *François Sforce*, 3 p., *Charles VI*, 2 petites p., *Philippe II*, 1 p. d'or, et 2 p. d'argent.

185 — *Philippe III*, 1 demi-écu, *Philippe IV*, 2 écus, *Mariamne* et *Charles*, 1 écu, 1666, *Marie-Thérèse*, 1 écu, 5 p. d'argent, 3 billon et 4 p. en cuivre.

186 — *Charles III d'Espagne*, 1 écu, *Marie-Thérèse*, 6 p. en cuivre, *Joseph II*, 1 écu et 4 p. d'argent, *François II*, 2 p. d'argent et 2 p. en cuivre.

187 — MANTOUE. *Frédéric II, duc de Mantoue*, 1460 à 1520, 3 p. en cuivre, *Guillaume de Montferat*, 1 p. d'argent, *Marguerite* et *Guillaume*, 1 p. d'argent, *Vincent IV*, 1 écu, *Charles I*er, 1 écu, *Ferdinand IV*, 2 écus, *Vincent VII*, 1 écu et 1 demi-écu.

187 bis — *Ferdinand VI*, 3 p., *Ferdinand-Charles*, 1 écu 1707. *Charles VI*, 1 p. et 3 billons, en tout 27 p. en cuivre des derniers souverains de Mantoue.

188 — 10 sous, 5 sous et 2 pièces d'un sou de l'an VIII.

189 — MALTE. *Paul Lascaris*, 1 p. en argent, 4 en bronze, *Manuel de Villena*, 6 p. bronze, *Emanuel Pinto*, 1 écu, 4 p. en argent, 4 en bronze.

190 — *François-Ximènes de Texada*, 1 écu. *Emanuel de Rohan*, 2 écus et 3 p. d'argent et 6 de cuivre, *Ferdinand Hompescher*, 1 écu et 1 p. d'argent.

191 — MONACO. *Honoré II*, 1654, 1 écu. *Louis Ier de Monaco*, 1672, 1 écu, *Honoré III*, 3 p. de cuivre, *Honoré V*, 1837, 1 p. de 5 fr. décime et 5 c., et essai en plomb de 40 fr., 20 fr., 2 fr. et quart de fr., en tout 15 p.

192 — SAVOYE. *Philippe*, 1268 à 1285, 2 p. *Louis*, 1 p., *Philippe II*, septième duc, 1 teston, *Charles Ier*, 1 teston, *Charles-Emanuel*, 1 p. d'argent, *Emanuel-Philibert*, 1576, 1 écu et 1 pièce d'argent.

193 — *Charles-Emanuel Ier*, 2 écus, 2 p. d'argent, *Charles-Emanuel II*, 1 p. d'argent, 1 de cuivre, *Marie-Jeanne* et *Amédée II*, 1 écu.

194 — *Victor-Amédée II* et *Charles-Emanuel III*, 2 écus, 3 p. d'argent, 8 billons, 15 p. de cuivre.

195 — *Victor-Amédée*, 1 p. d'or, 3 p. d'argent. *Charles-Emanuel IV*, 1 p. d'argent, *Victor-Emanuel*, 1814 à 1821, 6 p. d'argent, 7 billons, 7 cuivres et 1 médaille en cuivre.

196 — *Charles-Félix*, 1826 à 1831, 1 p. 5 fr. et 5 divisions en argent, et 2 en bronze, *Charles-Emanuel V*, 1 p. 5 fr. 4 divisions en argent, et 5 en bronze, et 1 petite p. *doppia savoia*, dite de nécessité.

197 — Gènes. *République de Gênes*, 1 p. d'or, 1589, *Louis comte de Lavanie*, 1 pièce et 20 p. argent de divers modules de la République de Gênes.

198 — *République de Gênes*, 7 p. en cuivre, *République ligurienne*, 1798, 1 écu et demi-écu.

199 — Marengo. 2 p. 20 fr. en or, *République piémontaise*, 2 demi-écus, 3 p. en argent et 2 sous, *Gaule subalpine*, 2 p. 5 fr.

200 — Rome. 2 médailles argent et bronze, de l'incendie de *Ronciglione*, 3 baiocchi et demi-baiocche, de *Viterbe*, deux idem de Tivoli, 1 médaille en bronze de la République de Rome, 1793, 2 écus de la République de 1793.

201 — 40 pièces argent et billon donnant les monnaies depuis 60 baiocchi jusqu'à 1 demi-souverain, au xvie siècle.

202 — *République romaine*, 15 baiocchi, mezzo et diverses.

203 — *Ancône, Civita Vecchia, Fano, Ferrare, Ferino, Gubio, Montalto, Macera, Pergola, Perugia, San Severi et Terni*, 35 p. en cuivre.

204 — *Ancône*, 28 p. variées argent et billon.

205 — *Almarona*, 3 p., *Ascoli*, 1 p., *Bologne*, 6 p., *Castiglione*, 2 p., *Camerino*, 8 p., en tout 19 p. argent et billon.

206 — FLORENCE, 6 p., *Ferrare*, 1 p., *Guastala*, 3 p., *Lucque*, 1 p. en or et 7 en argent et bronze, *Bologne*, 6 p. en bronze, *Massa en Lombardie*, 1 p.

207 — *Bologne*, *Masserata*, *Othon de Pavie*, *Pise*, et 1 monnaie de Louis XIV, en bronze, frappée à Modène en 1704, en tout 14 p. en argent et bronze.

208 — NICE. Pic de la Mirandole, 1 p. d'or, 2 p. d'argent, 1 de cuivre. PERUGIA, 8 p. d'argent. PESARO, 8 p. en argent.

209 — RIMINI, 4 p. en argent. REGGIO, 2 p. argent. RAVENNE, 2 p. en argent. SIENNE, 9 p., *Ascoli*, 2 p.

210 — *Ducs d'Urbin*. *Urbin VI*, p. en or, *duc d'Urbin* et *de Pesaro*, 22 p. en argent et 24 en bronze.

211 — Monnaies des princes et villes d'Italie précédemment décrites, 15 p. en argent, 16 p. en bronze.

212 — *Sicile*, *Hieron*, 1 médaille grecque en bronze, un salut de *Charles Ier d'Anjou*, 3 p. de *Robert*, 1 p. de *Charles d'Anjou*, avec *Roma caput mundi*.

213 — *Charles V*, 1 p. en or, *Ferdinand II*, *Ferdinand III*, 4 p. en argent, 1 en bronze, *Philippe II*, 1 p., et 5 de *Charles V*.

214 — *Philippe II*, *Philippe III*, *Philippe IV*, *Charles II*, 16 p. écus et divisions en argent, et 5 p. en bronze.

215 — *Charles VI*, 1 p. d'or, 4 écus, et 7 p. d'argent, divisions.

216 — *Ferdinand IV*, 4 écus et 9 divisions, *Ferdinand IV et Caroline*, 3 écus, et 21 p. en cuivre des mêmes princes.

217 — *République napolitaine*, pièces de 12 carlins, 6 carlins, 6 tournois, 4 tournois, 2 piastres et 4 réaux de *Joseph Napoléon*, en tout 7 p. argent et cuivre.

218 — *Murat*, pièce de 20 lire en or, 12 carlins, 5 lire, 2 lire, 1 lira et demi-lira, et 5 monnaies de cuivre.

219 — *Murat duc de Berg*, 2 thalers et 3 monnaies de billon.

220 — *Ferdinand III*, 1 écu, *Ferdinand*, 3 écus, 2 p. et 8 monnaies de bronze.

221 — *Ferdinand Ier*, 1818, 1 p. d'or, 3 écus, 6 divisions en argent, et 2 en bronze. *François Ier*, 1 écu, 2 p. d'argent, et 2 de bronze.

222 — *Ferdinand II*, 1 p. d'or, 2 écus, 3 divisions argent, et 6 de cuivre.

223 — Zara. Pièce dite de siége en 1813, 1 de 18 f. 40, 1 de 9 f. 20, 1 de 4 f. 60.

224 — Cataro. Pièce de siége, 2 de 5 fr. et 1 de 1 fr.

225 — Raguse. 4 écus, 2 demi-écus, 8 p. d'argent, 4 de cuivre.

226 — Venise. Monnaies des doges, de 1229 et années suivantes, dont : *Pierre Ziani, Jacques Teupolo, François Dandolo, Jac-*

ques Contarini, *André Gritti*, *Jean Gradenigo*, *Antoine Venerio*, etc., 15 p. en argent.

227 — *André Dandolo* et *Michel Steno*, 2 p. d'or, *Jean Moncenigo*, *François Foscari*, *Pierre Lando*, *André Gritti*, *Nicolas Tron* avec la tête, *André Vendramini*, en tout 10 p. en or, en argent, 1 en bronze.

228 — *Auguste Barbarigo*, *Léonard Lauredan*, *Pierre Lando*, *André Gritti*, de ce dernier 1 p. en or, les 12 autres en argent.

229 — *Pierre Lando*, *Jérome Prioli*, *Pierre Lauredan*, *Pascal Siconia*, *Louis Moncenigo*, *Nicolas de Ponti*, *François Errizzo*, 15 p. en argent, 6 p. en cuivre.

230 — *Marin Grimani*, p. en or, *Léonard Donato*, *Jean Cornelio*, *François Rizzio*, *François Molino*, *Bertuccio*, *Valerio*, *Domenico Contarini*, *Marc-Antoine-Justiniani*, 22 p. argent et bronze.

231 — *François Morrozi*, *Silvestre Valerio*, *Louis Moncenigo*, p. en or, *Jean Cornaro*, *Jean Cornelio*, *Louis Moncenigo*, et *Etienne*, *roi de Servie*, 15 p. en argent et en bronze.

232 — *Louis Moncenigo*, *Charles Ruzzini*, *Pierre-Grimani*, *François Lauredan*, de ce dernier 1 p. en or, et des autres 9 p. d'argent.

233 — *Louis Moncenigo*, 1 p. en or, *Paul-Rêné*, p. en or et 2 p. en argent des deux mêmes doges, *Louis Manin*, 1 p. en or et 17 p. en argent et billon.

234 — *Louis Moncenigo, Paul René, Marc Foscarino, François Lauredan*, 4 écus et 2 p.

235 — *Louis Manin*, 1 écu et 1 p. *République de Venise*, 1797, 2 écus, 5 p. en argent et billon.

236 — *François Ier* et *Ferdinand Ier*, 3 écus et 5 p. divisions en argent et 10 p. en cuivre.

237 — Insurrection de Venise en 1848, 1 p. d'or, 2 p. de 5 lire, p. de 15 c., 3 c. et 1 c.

238 — 10 petites p. d'argent, et 22 de cuivre, de doges de diverses époques.

ALLEMAGNE, AUTRICHE.

239 — *Maximilien Ier* et *Marie de Bourgogne*, 1509, 1 écu.

240 — *Maximilien Ier*, 1 p. de 2 écus et 1 écu.

241 — *Charles-Quint*, 1 p. d'or et 1 écu.

242 — *Ferdinand Ier*, 1 ducat et 3 écus.

243 — *Maximilien II*, 1 écu, *Rodolphe II*, 3 écus et 1 pié-fort.

244 — *Mathias Ier, Mathias II, Ferdinand Ier, Ferdinand II*, 5 écus.

245 — *Léopold, Joseph Ier, Charles VI*, 6 écus et 1 petite pièce.

246 — *Charles VIII, François Ier, Joseph II, Léopold II, François II*, 5 écus et 8 petites pièces.

247 — *Aix-la-Chapelle*, monnaies de cette ville et diverses petites médailles d'empereurs d'Allemagne, 13 p. en argent.

248 — *Marie-Thérèse,* 1 ducat, 4 écus, 1 demi écu.

249 — *Marie-Thérèse* et *Joseph II,* 1 écu et 11 p. divisions argent et billon.

250 — *François Ier*, 1 ducat, 3 écus et 2 demi-écus.

251 — *François Ier*, 1 demi-écu et 16 divisions argent et billon.

252 — *Ferdinand Ier*, 1 ducat, 1 écu et 9 petites p. en argent.

253 — 12 p. de billon et 31 p. en cuivre des règnes précédents.

254 — Pièces dite de siége, XVIIe siècle, écu carré de *Basle*, 2 florins de *Landau*, 8 kreutzer et 2 tiers de *Magdebourg*.

255 — *Ivan II*, *îles Baléares*, *Catalogne*, 5 p. de siége.

256 — *Brissac*, *Ulm*, *Vienne en Autriche*, *Frédéric III de Danemarck*, *Guido Bald de Salezbourg*, *Rudolphe II de Hanau*, 7 p. de siége.

257 — *Strasbourg* pour le Jubilé, *George Rakostki*, 4 p. en argent, 4 en cuivre, *Jacques II*, 9 en cuivre et siége de Lille, 4 p. en cuivre, en tout 23 p.

258 — Electeur de Cologne, 2 petites médailles, 1 p. de 20 kreutzer du Tyrol, 3 p. pour les soldats de Genève, 3 p. de Mayence, 1 p. de Pologne, Zamoscia, 1813, pièce de Henri de Guise pour Naples, en cuivre, 1 p. de Palma de 50 cent. en billon, Pascal Paoli, p. de 20 sous, 10 sous, 4 sous, 2 sous, en tout 23 p.

Colonie de Saint-Domingue.

259 — *République d'Haïti*, 2 escalins, un escalin et 15 autres p. de la République et Petion.
260 — *Henri d'Haïti*, 1811, écu d'argent.
261 — *Le même*, essai en bronze, d'un écu.
262 — *Le même*, 3 p. de 30 sous, 15 sous et 7 sous et demi.
263 — Les trois mêmes piéces.
264 — *Le président Boyer*, 8 p. d'argent et 9 monnaies de cuivre de 1828 à 1846.

RUSSIE.

265 — 2 p. tartares, 722 de l'Egire, *Wassli*, 2 p., 1506 à 1534, Bacaseray, capitale de la Crimée, 2 p., *Jean IV le Terrible*, 1534 à 1584, 4 p., *Pierre Ier*, 1682, 4 p , 3 autres petites pièces russes, en tout 17 p.
266 — *Alexis Ier*, *Sophie Coregente*, *Pierre Ier*, 11 p. écus et divisions en argent.
267 — *Pierre II*, *Ivanhowa*, *Ivan VI*, *Elisabeth*, *Pierre III*, 7 écus.
268 — *Catherine II*, 4 p. d'or, 4 écus et 5 p. divisions.
269 — *Paul Ier* et *Alexandre Ier*, 20 p. en argent.
270 — *Alexandre Ier*, 1 rouble avec la tête. Nicolas, 2 p. en platine et 21 p. en argent.
271 — Monnaies de cuivre des règnes précédents, 52 p.

SUÈDE.

272 — *Gustave Vasa*, *Eric XIV*, *Jean III*, *Sigismond*, monnaies et médailles, 11 p.

273 — *Gustave Adolphe* et *Charles XI*, 8 écus et 2 petites médailles.

274 — *Christine*, 4 écus et 2 petites p.

275 — *Charles X* de Suède et *Ulric*, *Charles XI*, 11 p., monnaies et médailles.

276 — *Charles XII*, 1 p. d'or, 2 écus et 7 p. monnaies et médailles.

277 — *Ulric* et *Eléonore*, *Frédéric Ier*, *Adolphe Frédéric*, 5 écus et 9 p. de division.

278 — *Gustave III*, *Gustave IV* et *Charles XIII*, 4 écus et 9 p. divisions.

279 — Monnaies de cuivre des règnes précédents, 39 p.

280 — *Bernadotte*, 2 p. d'or, 3 écus et 12 p. monnaies et médailles.

281 — *Bernadotte*, monnaies de cuivre, 17 p. et 9 en billon.

282 — *Oscar*, 3 p. d'or, 6 d'argent, 6 de cuivre, en tout 15 p. variées.

DANEMARCK.

283 — *Frédéric II*, *Christian IV*, 1 p. d'or, 4 écus et 7 p. argent et billon.

284 — *Frédéric III*, *Christian V*, *Frédéric IV*, 8 écus et 15 p. en argent et billon.

285 — *Christian VI*, *Frédéric V*, *Christian VII*, 3 écus et 17 p. en argent et billon.

286 — *Frédéric VI* et *Christian VIII*, 2 écus et 13 p.

287 — Monnaies de cuivre des règnes précédents, 22 p.

POLOGNE.

288 — *Alexandre Ier*, *Sigismond Ier*, *Sigismond Auguste*. *Henri III*, *Sigismond III*, 1 écu, 18 p. en argent et billon.

289 — *Etienne Bathory*, *Ladislas IV* et *Jean Casimir*, 3 écus et 5 p. argent.

290 — *Jean III*, *Sobieski*, *Marie Casimir*, *Auguste II*, *Stanislas Auguste*, 5 écus et 9 p. argent et billon.

291 — *Auguste III*, 2 écus et 10 p. argent et billon.

292 — *Alexandre Ier*, révolution de Pologne, 1831, et *Nicolas*, 3 p. d'or, 3 écus et 18 p. argent et billon et un assignat de la révolution de 1831.

293 — Monnaies de cuivre des règnes précédents, 19 p.

PRUSSE.

Maison de Brandebourg.

294 — *George-le-Pieux*, 1543, *Frédéric III*, 5 écus et 1 petite p.

295 — *Frédéric Guillaume Ier, Frédéric II*, 1 petite p. d'or, 7 écus et 10 p. monnaies et médailles.

296 — *Frédéric Guillaume II* et *Frédéric Guillaume III*, 6 écus et 10 p.

297 — *Frédéric Guillaume III*, 1 série de 5 p. en argent, *Frédéric Guillaume IV*, autre série de 5 p. en argent.

298 — Monnaies de billon et cuivre des règnes précédents, 29 p.

COLONIES ANGLAISES.

299 — Demerary et Essequibo, Ceylan, Sierra-Leone, 11 p. en argent, 7 cuivre.

300 — Compagnie des Indes, Sierra-Leone, îles Ioniennes, 19 p. en argent et 20 en bronze.

301 — Fort Marlborougt gouvernement de Saint-Maurice, et divers jetons en argent de particuliers, 19 pièces en argent.

302 — 47 monnaies en cuivre des possessions anglaises et jetons de négociants anglais.

ESPAGNE.

303 — *Jean, roi de Navarre et d'Aragon*, 1 pièce d'or, *Pierre le Cruel*, *Charles II*, *Alphonse*, *Charles III*, *Alphonse de Barcelone*, 18 petites pièces en argent et 23 en bronze.

304 — *Ferdinand* et *Elisabeth*, 1 pièce d'or, *Charles-Quint*, 1 écu pour Besançon, 1 écu comme Roi de Sicile et 26 petites pièces en argent.

305 — *Philippe II, Philippe III*, 6 écus et 7 pièces.

306 — *Philippe III*, grande et belle pièce d'argent de 6 écus.

307 — *Charles II, Charles III, Charles IV, Philippe V*, 1 petite pièce d'or, 7 écus et 22 pièces diverses divisions, en argent.

308 — *Charles III, Charles IV, Ferdinand VI, Ferdinand VII*, 4 pièces d'or, 6 écus.

309 — *Charles III*, 4 écus, 23 pièces de division.

310 — *Charles IV*, 3 médailles d'argent, 7 écus et 12 pièces.

311 — *Charles III, Charles IV*, 2 pièces d'or, 3 écus et 19 pièces.

312 — *Ferdinand VII*, 6 écus, 10 pièces d'argent.

313 — *Joseph Napoléon*, 1 quadruple et 1 quart de quadruple.

314 — *Joseph Napoléon*, 2 piastres et 6 p. d'argent.

315 — *Ferdinand VII*, 5 écus et 16 p. d'argent.

316 — *Ferdinand VII*, 2 médailles, 4 écus et 7 p. d'argent.

317 — *Ferdinand VII, Isabelle*, 1 p. d'or, 2 piastres et 18 pièces divisions en argent.

318 — *Barcelonne* et *Catalogne*, 1 piastre et 14 p. divisions en argent.

319 — Monnaies en bronze des règnes précédents, 108 p.

PORTUGAL.

320 — *Sébastien, Emanuel Legrand, Jean III, Alphonse II, Pierre le Cruel, Joseph Ier, Jean V, Marie Ire*, 1 p. d'or et 17 p. d'argent.

321 — *Marie Ire, Jean VI, Pierre IV, Marie II* et *Ferdinand VII d'Espagne*, 5 écus et 17 p. argent.

322 — *Marie II*, essais de 1,000 reïs, 500 reïs, 200 reïs et 100 reïs.

323 — Monnaies de cuivre des règnes précédents, 36 p.

MONNAIES JAPONNAISES, CHINOISES ET INDIENNES.

324 — 3 lingots en argent, 4 écus et 13 p. de cuivre, monnaies des Chinois et des Japonnais.

325 — 2 p. d'or et 12 p. d'argent, monnaies des Indiens.

MONNAIES TURQUES ET ARABES.

326 — 4 p. en or, dont 2 du sultan actuellement régnant et 32 p. de divers règnes, en argent.

327 — 22 p. en or de divers règnes.

328 — 45 p. turques en argent.

329 — 32 p. turques, argent et billon.

330 — 16 p. turques, argent et billon, et 37 en cuivre.

331 — Pièces arabes, 5 en or et 7 en argent.

332 — 2 Sassanides en argent, 5 de la Bactriane en bronze, 1 indoscythe et 3 Bysantines, 11 p.

Amérique septentrionale et méridionale

333 — Brésil. *Jean VI, Pierre II*, 3 écus, 10 p. d'argent, 16 en bronze.

334 — *République Péruvienne*, 4 écus, 8 p. d'argent.

335 — *Simon Bolivar*, 4 écus, 3 p. d'argent et 3 de bronze.

336 — *Bolivard*, 4 écus et 8 p. d'argent.

337 — *République du Chili*, 9 p. d'argent et 2 de bronze.

338 — *Colombie, Nouvelle Grenade, Sant-Yago, Chili*, etc., 7 écus, 6 pièces d'argent et 6 de bronze.

ÉTATS-UNIS D'AMÉRIQUE.

339 — *Masathuset*, 1652, 1 p., 6 p. d'argent et 10 de cuivre.

340 — 1 p. d'or, 13 en argent et 4 en bronze.

341 — 7 p. d'argent et 5 p. en bronze.

Amérique septentrionale et méridionale

342 — *Royaume de La Plata*, 8 p. d'argent et 6 p. en bronze.

343 — *République Mexicaine, République du Centre*, 3 écus, 15 p. d'argent et 6 p. de bronze.

344 — *Victoria, président de la République mexicaine, Augustin Iturbide*, 4 écus et 4 p.

MONNAIES TURQUES ET AMÉRICAINES.

345 — 60 p. turques, argent et billon et 10 p. en cuivre.

346 — 5 p. de *Tunis* en billon, 5 en bronze frappés à *Tetouan* et 5 frappées à *Raba*.

347 — *Mexique*, 7 médailles et décorations en argent et 5 en cuivre.

348 — *Mexique*, diverses monnaies frappées par les Espagnols, dont 2 p. en or, en 1591, et 14 en argent.

349 — *Mexique*, 9 monnaies et médailles en argent et 8 en bronze.

350 — *Lima, Nouvelle Grenade, Bogota, République argentine, Vargas*, etc., 9 p. en argent.

DEUXIÈME MÉDAILLER.

MONNAIES D'ALLEMAGNE.

351 — BAVIÈRE. *Maximilien III, Christian IV, Maximilien Joseph, Théodore, Maximilien Emanuel, Charles Théodore*, ville de *Francfort*, 18 p. en argent écus et divisions.

352 — *Louis Ier de Bavière*, 15 écus variés et 6 divisions.

353 — *Louis Ier*, 3 petites divisions, *Maximilien II*, 1848, pièce de 2 florins, et *Maximilien II* et *Caroline*, 1 médaille.

354 — *Rechain, Ch.-Guil.-Frédéric Wurtemberg, Jean Casimir, comte palatin, Fredeberg, Henri, fils de George Ernest, comte de l'Empire, Frédéric Charles, archiduc d'Autriche, Frédéric de Stolsberg*, 9 p. écus et divisions.

355 — *Ernest Louis, George Frédéric de Saxe, Louis Gontier, Rudolstatd, Lothaire, Fred. électeur de Mayence, Rudolphe II*, roi de Hongrie, *Maximilien Henri*, roi de Bavière, *maison de Stolsberg, Joseph Guillaume, prince de Fustemberg*, 9 p., écus et divisions.

356 — *Guil. IX, landgrave de Hesse, Frédéric-Albert Anhalt, Bernbourg, Charles, prince de Loewensten, Henri XI, Frédéric-Louis de Loewensten, Anselme, Franc. archevêque de Mayence, Théodore Charles de Bavière*, petites monnaies de la *Chapelle* et de *Munster*, 12 p. écus et divisions et une médaille.

357 — SAXE. *Frédéric le Belliqueux, Jean Frédéric, Maurice, Auguste Christian Ier, Christian II, Jean George, Jean Philippe et ses frères, Jean George III, Frédéric Christian*, 14 p. écus et divisions.

358 — SAXE. *Frédéric Auguste III, Xavier, régent, Frédéric Auguste V*, 15 écus et divisions.

359 — *Antoine V*, 3 p. en argent et 7 p. de billon des règnes précédents.

360 — Ratisbonne, *François Ier et Joseph II*. Stralsund, *Ferdinand III*. Ulm, *Ferdinand II* et 1 médaille. Worms, 1 p. *Charles-Quint*, 1 demi écu. Brême, 1 p. de billon, en tout 8 p.

361 — Archiducs d'Autriche. *Maximilien* 1615, *Léopold*, *Marie-Thérèse*, *Charles VI*, *François Ier*, 9 p., écus et divisions.

362 — Famille de Nassau. *Frédéric Auguste*, *Frédéric Guillaume*, *Guillaume II*, *Adolphe*, 8 p. écus et divisions.

363 — Hesse, *Louis*. Hesse-Darmstadt, *Guillaume II*. Hesse-Fuld, *Louis II*, 7 écus et divisions.

364 — Bade. *Charles Frédéric*, 1 thaler, 1814, sans effigie. *Louis*, *Léopold*, 9 écus.

365 — Bade. *Léopold*, 1 p. d'or, *Louis II* de Hesse, 23 p. en argent et billon.

366 — Siége vacant de *Munster*, 1801, de *Brixen*, 1799, de *Fuld*, 1788, *Christophe Franc.* évêque de *Bamberg*. Siége vacant de *Liège*, 1784, *Maximilien*, pièce de 2 écus de 1613, *Maximilien*, 1603, 1 écu, en tout 7 p.

367 — Transilvanie. *Gabriel* et *Simon Bathori*, 1611, *George Ragotski*, *Gabriel Bethlem*, *Etienne Böchkay* et *Bogislas XIV* de Poméranie, 6 écus.

368 — *Wenceslas II*, roi de Bohême, *Philippe II*, duc de Poméranie, *Fred. Guillaume, comte de Lippa* et de *Bückelburg*, 1724. *Bernard, duc de Saxe*, *Ernest, duc de Saxe* et *Christian VII*, roi de Danemarck, 8 p. en argent.

369 — *Frédéric II, duc de Wurtemberg* et *Charles, prince d'Isambourg*, 5 p. en argent.

370 — *Jules-Louis Eugène* et *Charles Eugène, ducs d'Aremberg*, *Frédéric III, prince de Salm, comte de Montfort*, 1730. *Frédéric Charles, prince de Schwarzemberg*, *Fred. Charles comte de Lippe*, 6 p. en argent.

371 — *Ernest, duc de Cobourg-Gotha*, *Frédéric-Auguste, grand duc d'Oldenbourg*, *Frédéric Charles, prince de Hoehenlohe*, *Alexandre de Brandebourg*, 10 p. écus et divisions.

372 — *Alexandre de Brandebourg*, *George Henri, prince de Waldech*, *Guillaume*, roi de Wurstemberg, *Charles Auguste de Saxe-Weimar*, *Guillaume, duc de Brunswick*, *Frédéric Franc Mecklembourg*, 13 p. en argent et billon.

373 — *Ernest Fréd : duc de Saxe-Cobourg Saalfeld*, *Frédéric III Saxe-Gotha*, *Ernest-Frédéric Saxe-Gotha*, *Guillaume*, roi de Vurtemberg, *Charles Alexandre* de Vurtemberg, *Charles Eugène* de Vurtemberg, *Frédéric II* de Vurtemberg, 13 p. en argent.

374 — Wurstemberg. *Frédéric, Frédéric Guillaume, Guillaume II*, écus et divisions en argent et billon.

375 — *Ferdinand II*, roi de Bohême, *Ferdinand III*. Augsbourg, *Ferdinand II, François Ier*, 6 p. argent.

376 — *Charles-Quint* à Besançon, 1661. 2 p. *Ferdinand VII* d'Espagne, *Sigismond* de Pologne, *Léopold* pour Bremer, 8 p. argent et billon.

377 — Francfort, 5 écus, 1764 à 1796.

378 — Francfort, 1838, 18 pièces en argent et billon.

379 — Lubeck, 2 p. de *Charles-Quint*. Metz, 3 p. Mulhouse, *Joseph II* de Nuremberg, *François Ier* pour Nuremberg, 13 p. en argent.

380 — Mayence, Anselme François, Emerie Joseph, Frédéric Charles. Ville de Mayence, 5 p. en argent.

381 — Adalberg, évêque de *Fuld*. 1795, Clément Wenceslas, evêque de Treves, Jérôme, prince primat des Gaules, Charles, prince primat, 7 p. d'argent.

382 — *Jean-Philippe*, évêque de Trêves et Worms, *François, comte de Salm, Joseph*, évêque de Enstettin, *Auguste*, évêque de Trêves, 1760, *Léopold*, archiduc landgrave d'Alsace, 1725, *Ferdinand*, prince de Salsbourg, *Wolf*, évêque de Schratteinbach, 1721. 8 écus argent.

383 — SALSBOURG. *Léonard, archevêque*, 1513. *Maximilien, archevêque, Jean Ernest, archevêque, Sigismond, évêque. Jean-Antoine*, évêque de Enstettin, 1783. 13 p. en argent.

384 — *Charles, prince primat, Christophe Franc, évêque de Bamberg, Emeric, évêque de Mayence*. 8 p. en argent.

385 — *Westphalie*. 1 p. de 20 f., 2 de 10 f., 4 de 5 f. En tout 7 p. d'or de Jérôme.

MONNAIES MODERNES DE DIVERS PAYS.

386 — ANGLETERRE, *Georges IV*, demi-souverain et schelling. *Othon, de Grèce*, 5 drachmes et 1 drachme. Pièce 5 f. de la *Gaule subalpine*. Pièce 5 f. de *Louis-Philippe*, 1830, et 1 f. de 1847. 1 médaille de *Charles IV*, d'Espagne, 1790. 8 p.

387 — *Louis-Napoléon de Hollande*, 2 écus et 4 p. Murat, roi de Sicile, 2 p. de 5 lire, 2 lire, 1 lira et demi-lira. En tout 11 p.

388 — *République française 1848-49*. 5 p. de 5 f. 1 p. d'un guldeu de *Francfort*, 1848. 2 p. de l'insurrection de *Francfort*, 1848, 2. p. de l'insurrection de *Venise*, 1848, et 1 de l'insurrection de *Milan*, 1848. En tout 11 p.

389 — *République française*, 1848. 9 p. 5 f.

390 — *Louis XVI*, 1791 à 1793. 7 p. 30 sous et 6 p. 15 sous.

391 — *Napoléon 1810*. Pièce de 1 f. *Jérôme Napoléon*, p. de 2 f. *Louis XVI*, 1 p. 12 sous. 1 médaille frappée par *Ab del Kader*. 1 médaille russe, 3 petites p. des Etats-Unis, 1 médaille allemande ayant trait à la paix et à la guerre. 8 p.

392 — Différents sous des règnes de *Napoléon*, d'*Oscar*, de Suède, *Jérôme Napoléon*, de Westphalie, *Pie IX*, insurrection de Venise, etc. 40 p.

393 — Metz, siège vacant, 1 p. Pièce de 1 f. de *Metz*, 1 jeton de Pantaléon, échevin de *Metz*. 1 monnaie de Liège, siège vacant. 1 schelling de *Victoria*, 1 teston de *François Ier*, roi de France, *Charles III*, d'*Espagne*, canton de *Sarine* et *Broye*, etc. 43, argent et billon.

394 — Monnaies de cuivre de divers pays. 64 p.

395 — 1 petit monétaire *mérovingien*. 2 écus d'or de *Charles VII*. 1 p. en or de *Liège*, siège vacant. 1 p. de 2 écus et demi de *Grégoire XVI*. 1 *Louis*, *grand-duc de Bade*, de 5 florins.

396 — France. 6 deniers faux des rois francs de la seconde race, et diverses pièces de *Château-Landon*, *Pontoise*, *Orléans*, sous Louis VI et Louis VII. Pièces baronales de *Vienne en Dauphiné*. *Eléonord d'Aquitaine* ; *Valence* ; *Hugues*, duc de Bour-

gogne: *Dijon*, *Angoulême*, *Le Mans*, *Philippe-le-Bon*, duc de Bourgogne, etc. 33 p. argent et billon.

397 — FRANCE. *Charles IV*, *Charles VI*, *Henri III*, *Charles X*, *Henri IV*, *Louis XIII*, *Louis XIV*. 1 p. 15 sous d'Italie, de *Napoléon*, et 2 sous de *Cayenne*. 16 p.

398 — Guillaume II, de Hollande, diverses p. *Napoléon*, p. de 10 cent. à l'*N*. 1 p. de 5 et 1 de 2 décimes de l'an VIII. 13 p.

399 — Diverses pièces. De la *Savoie*, imitation d'un douzain de Louis XIII; Henri, frappé à *Bologne; Mantoue;* ville de *Massa*, en Lombardie. Pièce du *Tyrol* sous Sigismond; doges de *Venise; Ferdinand d'Arragon*, etc. 16 p. argent et cuivre.

400 — ANGLETERRE. *Edouard III*, *Alexandre d'Ecosse*, *Elisabeth*, *Georges II*, *Georges III*, *Georges IV* et *Vittoria*, et 1 p. 15 sous d'Italie, sous *Napoléon*.

401 — PAPES ET CARLOVINGIENS. *Léon III*, année 795, p. fragmentée. *Nicolas et Louis-le-Débonnaire*, p. brisée, année 858 à 867. *Jean VIII* et *Charles-le-Chauve*, 872 à 884. 3 p.

402 — *Etienne VI* et *Louis-le-Débonnaire*, années 827 à 896. *Adrien II*, année 867, et *Louis, empereur*, 2 p., la dernière fausse.

403 — *Romain* et *Beranger*, année 897. *Jean IX* et *Lambert*, année 898. 2 p.

404 — *Eugène IV*, *Alexandre III*, *Clément IV*, *Jules III*, *Urbain IV*. 5 sceaux en plomb.

405 — 5 p. romaines sans noms de Pape, d'un côté : *Roma caput mundi*, et de l'autre : *Senatus Populus que romanus.*

406 — *Martin IV*, *Urbain V*, *Grégoire XI*, *Martin V*, *Calixte*. 1 p. en or. *Pie II*, *Paul II*. 10 p.

407 — *Paul II*, p. en or. *Paul II*, p. en argent. *Sixte-Quint*, *Innocent VIII*, 1 p. en or. *Innocent VIII*, *Alexandre VI*. 12 p., or, argent et bronze.

408 — *Innocent VIII*, *Alexandre VI*, *Jules II*. 2 p. en or et autres en argent. En tout, 22 p., or, argent et bronze.

409 — *Jules II*, *Léon X*, 2 p. en or, et p. en argent. *Adrien VI*. 13 p. en argent.

410 — *Clement VII*, *Paul III*, p. en or, et autres en argent. 17 p. en or et en argent

411 — *Paul III*, *Jules II*, 17 p. en argent.

412 — *Marcel II*, siège vacant, 1555. *Paul IV*. 17 p. en argent.

413 — *Paul IV*, siège vacant, 1559. *Pie IV*. 16 p. en argent.

414 — *Pie V*, *Grégoire XIII*, 35 p. argent et billon.

415 — *Sixte-Quint*, 1 écu. *Clément VIII*, 20 p., argent, billon et bronze.

416 — *Clément VIII*, siège vacant, 1559, *Grégoire XIV*, comme légat d'Avignon. 11 p. d'argent et 10 cuivre.

417 — *Paul V*, 1 écu, 25 p., divisions en argent, et 13 liards des règnes précédents.

418 — *Grégoire XV*, 1 écu et divisions, et *Urbain VIII*. 3 écus et divisions. 20 p. en argent, 3 en bronze.

419 — *Urbain VIII*, *Innocent X*, 1 écu et 30 p., argent et bronze.

420 — *Innocent X*, 1 écu et divisions en argent, *siége vacant*, 1 écu de 1655 et 1 petite p. 1 médaille d'*Alexandre VII*, 1660, en argent. 19 p. en argent et en bronze.

421 — *Alexandre VII*, écus et divisions. *Siége vacant*, 1667. 1 écu et 1 petite p., 1669. En tout, 27 p. en argent et bronze.

422 — *Clément IX*, 1 p. d'or et 1 écu, siége vacant, 1667. 13 p., or et argent.

423 — *Clément X*, 2 écus et divisions. *Innocent XI*. En tout, 15 p. en argent.

424 — Les 15 mêmes pièces.

425 — Les 15 mêmes pièces.

426 — *Siége vacant*, 1676, 1 écu. *Innocent XI*, 2 écus et divisions. *Clément X*, divisions. 18 p. en argent.

427 — *Innocent IX*, 3 écus et divisions. *Clément X*, divisions. 18 p. en argent.

428 — *Innocent XI*, 3 écus et divisions. *Clément X*, divisions. 18 p. en argent.

429 — *Innocent XI*, 1 écu et divisions. *Clément X*, petite p. en argent doré. *Siége vacant*, 1689, 1 écu et divisions. 49 p. en argent.

430 — *Alexandre VIII*, 1 p. d'or, 1 écu et divisions. *Siège vacant*, 1691, divisions. 17 p. en argent et 13 en cuivre, des règnes précédents.

431 — *Innocent XII*. 1 médaille d'argent, 1696, et 2 écus et divisions. 14 p. en argent.

432 — *Innocent XIII*. 3 écus et divisions. 14 p. en argent.

432 bis. — *Innocent XIII*, 3 écus et divisions. 14 p. en argent.

433 — *Innocent XII*, 3 écus et divisions. 13 p.

434 — *Clément XI*, 1 écu. *Innocent XII*, 1 écu et divisions. 12 p.

435 — *Clément XI*, 1 p. d'or, 3 écus, divisions. 14 p.

436 — *Clément XI*, 1 p. d'or, 3 écus et divisions. 14 p.

437 — *Clément XI*, 1 p. d'or, 1 écu et divisions. Siége vacant, 1700. 1 écu et divisions. 13 p,

438 — *Innocent XI*, 46 p. divisions en argent, et 18 p. en bronze du même règne et de ceux précédents.

439 — *Innocent XIII*, 1 médaille et 12 petites p. *Benoît XIII*, 1 p. d'or et 4 médailles d'argent et deux divisions, *siège vacant*. 2 écus. En tout, 18 p.

440 — *Benoît XIII*, 12 p. d'argent, 10 de cuivre. *Siège vacant*, 1721, 1 p. en or et 7 en argent.

441 — *Clément XI*, 1 demi-écu, *Clément XII*, 1 p. d'or, 1 demi-écu et divisions en argent.

442 — *Clément XII*, 1 p. d'or et 15 p. en argent.

443 — *Clément XII*, 1 p. d'or et 15 p. en argent.

444 — *Benoit XIV*, 3 p. d'or, 2 écus et 10 p. divisions en argent.

445 — *Siège vacant*, 1724, demi-écu. *Benoit XIV*, pièces de divisions. *Siège vacant*, 1758, 1 écu, demi-écu et divisions. *Clément XIII*, 1 p. d'or, en tout 22 p. or et argent.

446 — *Clément XIII*, *Clément XIV*, 4 p. d'or, divisions en argent et 2 médailles en argent de *Clément XIV*. 34 p. or et argent.

447 — 29 p. en cuivre des règnes précédents.

448 — *Pie VI*, 2 p. en or, 1 écu et 14 p. divisions, en argent.

449 — *Pie VI*, pièce en or, 1 écu et 14 p. divisions, en argent.

450 — *Pie VI*, pièce en or, 2 écus et 13 divisions, en argent.

451 — *Pie VII*, 1 p. d'or, 2 écus et 8 p. divisions, en argent.

452 — *Siège vacant*, 1823, 1 p. d'or, 2 écus et 3 divisions, en argent.

453 — *Léon XII*, 3 p. d'or et 1 écu.

454 — *Léon XII*, 2 médailles. *Pie VIII*, 1 médaille, 3 p. en argent.

455 — *Siège vacant*, 1830, 1 p. d'or, un écu, 1 petite pièce. *Pie VIII*, 1 écu et 1 petite pièce.

456 — *Siège vacant*, 1829, 1 p. d'or, 1 écu, 1 demi-écu et 1 petite pièce. *Pie VIII*, 1 écu et 1 demi-écu et 1 petite pièce.

457 — *Grégoire XVI*, 1 p. d'or, 1 écu et 6 petites pièces division et 1 médaille en argent.

458 — *Grégoire XVI*, 1 p. d'or de 10 scudi, 2 de 2 scudi et demi, 1 écu et 6 divisions, en argent.

459 — 61 p. en cuivre de *Grégoire XVI* et des règnes précédents.

460 — *Pie IX*, 1 p. d'or, 2 écus, 4 divisions, en argent et 4 p. en cuivre.

MONNAIES DIVERSES D'ITALIE ET DOUBLES DE LA COLLECTION DES PAPES.

461 — *Bologne*, 5 p. d'or.

462 — *Rome*, 1 écu et 1 demi-écu, 1797. *Bologne*, diverses pièces en argent. 22 p.

463 — 1 médaille, *siège vacant*, 1823, et 2 de 1830 en argent. 27 monnaies de cuivre de villes d'Italie et divers Papes. 10 petites médailles et décorations en plomb et en bronze. En tout 40 p.

464 — Papes. *Alexandre VIII*, *Sixte-Quint*, *Innocent XIII*, *Clément XI*, *Clément XII*, *Clément XIV*, *Pie VI*, *Léon XII*, 2 écus. *Siège vacant*, 1823, *Grégoire XVI*, 4 jetons. 14 p. en argent.

465 — *Alexandre VII, Alexandre VIII, Innocent XI, Innocent XII, Clément IX, Clément X, Clément XIII, Grégoire XVI*, 2 jetons. En tout 25 p. en argent.

466 — 25 p. en argent des mêmes règnes que le numéro précédent.

467 — *Siège vacant*, 1730. *Siège vacant*, 1829, 22 p. des règnes précédents.

468 — *Siège vacant*, 1829, 2 p. *Paul III, Paul IV, Innocent XI, Pie VI*, etc. 28 p. en argent.

469 — *Grégoire XVI*, 2 demi-écus en or. *Charles-Albert*, 1 p. de 10 fr. en or. 5 monnaies papales frappées à Avignon, 5 petites pièces des villes d'Italie, et 1 teston de *Cosmes de Médicis*. En tout 14 p. or et argent.

470 — 37 médailles en bronze de divers papes du XVIe au XIXe siècle.

471 — *Ladislas*, roi de Hongrie, et *Paul-Frédéric, duc de Mecklembourg-Schwerin*, 2 p. d'or.

MÉDAILLES

En or, en argent et en bronze, sur les événements de l'Empire, la Restauration, la Révolution de 1830, etc., etc.

MÉDAILLES ANTIQUES, GRECQUES, ROMAINES, GAULOISES, ETC.

472 — 1 médaille d'or de Caracalla dans un cercle en or du temps, pièce ayant servi de décoration.

472 *bis* Médaille de Panorme. Tête de Cérès et cheval. Pièce en or.

473 — *Marc-Aurèle*, 2 p. en or.

474 — *Constant Ier*, *Constant II*, Constantin Pagonat, Héraclius et Tibère, Zénon Quinaire et Léon. 4 p. en or.

475 — Médailles gauloises, plusieurs à légende, dont *Ang-rs, Ateula, Epad.* 18 p. en argent.

476 — Médailles grecques : une Celtetiberienne, une d'Histié d'Argos, des Opontiens, Sicyone, Ptolomée Ier, Alexandrie, etc. 13 p. en argent, de ce nombre une gauloise.

477 — D'Alexandrie, Aurélien, Dioclétien, Numérien, Maximilien Hercule, Gallien, Probus, etc. 26 p. en bronze.

478 — Syracuse, Naples, Bruttium, Démétrius, rois de Syracuse, Olbiopolis, Ceos insula, Ptolomée, roi d'Egypte. 28 p. en bronze.

479 — Celtiberienne, six consulaires, Julia, Mamilia, Fannia, Æmilia, Procilia, etc. 11 p. en argent.

480 — Impériales, dont : Auguste, Néron, Vespasien, Titus, Domitien, Trajan, Caracalla, Gordien III, Philippe, Salonine et Postume. 26 p. en argent.

481 — Grands bronzes romains, dont : un Adrien restitutori orbis terrarum, un Albin, un Caracalla et un Balbin. 43 p.

482 — Moyens bronzes romains, parmi lesquels on remarque ceux d'Auguste, d'Agrippa, de Néron, Trajan, Antonin et Gordien III, bien conservés. 43 p.

483 — Moyens et petits bronzes du bas-empire, plusieurs bien conservés. 96 p.

484 — 2 p. en argent des derniers Paléologues, un Justin Ier en argent, un Justin Ier en argent revers de Matasunda, et 7 p. byzantines en bronze.

485 — 7 pièces grecques et romaines en bronze, une en argent, une de Léon d'Arménie en argent. En tout 9 pièces fausses.

486 — Collection de médailles des campagnes d'Italie et du règne de l'empereur Napoléon, de 1796 à 1814, et les 3 mois de 1815. 300 p. en bronze renfermées dans un

médailler à douze tiroirs. Cet article pourra être divisé.

487 — Médailles du règne de *Napoléon*, 25 p. en argent.

488 — *Napoléon et sa famille*, 56 médailles en bronze et deux en argent.

489 — Règne de Napoléon, 30 médailles en bronze de petit module, et 9 en argent, en partie faites sous le règne de Louis-Philippe.

490 — *Charles X*, le *duc de Bordeaux*, 50 petites médailles populaires, argent et bronze. 50 p.

491 — *Louis XVIII*, *Charles X*, *le duc de Berry et le duc de Bordeaux*. 36 médailles en bronze.

492 — *Louis-Philippe*. Evénements de son règne, 30 médailles en bronze de grand module.

493 — *Louis-Philippe*, 6 grandes médailles. *Le duc d'Orléans*, 19 médailles en bronze.

494 — *Louis-Philippe* et ses enfants, *Charles X*, *le duc d'Angoulême*, *le duc de Berry*, etc. 40 médailles en bronze.

495 — *Léopold I*[er], roi des Belges, et sa famille, 15 médailles, 3 de la reine *Victoria*, une d'*Alexandre I*[er], et douze des grands hommes. En tout 31 p. en bronze.

496 — Alexandre Ier, Nicolas, empereur de Russie, Murat, Méhémet-Ali, pacha d'Egypte, Jérôme Napoléon, et la cathédrale de Chartres. 24 médailles grand module.

497 — 46 médailles en bronze de divers souverains et grands hommes français et étrangers.

498 — Souverains et grands hommes français et étrangers. 20 médailles en bronze.

499 — *Louis XIV*, *Louis XV*, cathédrale de Strasbourg. 13 p. en bronze, étain, écaille, etc.

500 — *Louis-Philippe*, 21 médailles en bronze de son règne.

501 — *Napoléon* et *Louis-Philippe* et divers grands hommes, 21 médailles en bronze, plusieurs de grand module.

502 — *Louis XIV*, *Louis XV*, et divers autres seigneurs. 69 médailles de divers modules argent et bronze, de ce nombre une médaille de *La Valette d'Épernon*, tirée du temps.

503 — Duc d'Orléans et ses frères, 58 médailles de divers modules.

504 — Médailles et décorations modernes en argent, en partie françaises, de ce nombre 4 en bronze.

505 — 12 médailles, la plupart relatives au duc de Bordeaux.

506 — République de 1848, Gouvernement provisoire, pouvoir exécutif, mort de l'archevêque de Paris, Président, etc. 125 médailles en bronze et étain, de ce nombre 3 en argent. Cet article sera divisé.

507 — Une grande et une petite médaille en argent de la reine Victoria et 9 divisions de monnaies en argent, depuis l'écu jusqu'au penny et 5 divisions du penny jusqu'au farthing, le tout dans un étui en maroquin.

508 — Essai d'un écu en or de la *reine Victoria*. Essai de la pièce de 5 fr. en argent et un essai en argent doré de la pièce de 100 fr. de *Louis-Philippe*.

509 — 7 petites médailles en argent, de Louis XVIII et sa famille, dans un cadre en bois. Une médaille, boite en bronze doré du duc d'Angoulême, avec le précis de la guerre d'Espagne, 1823.

510 — *Marie de Wurtemberg*, 3 médailles, argent, bronze doré et bronze. 6 jetons en argent de *Louis XVIII* et *Louis-Philippe*.

511 — *Napoléon*, 1 médaille en bronze pour l'ouvrage de M. Thiers, histoire de la Révolution; *Guttemberg*, médaille en bronze; le Crédit de la France, par M. de Lombardy, bronze; médaille en bronze, sous *Louis-Philippe*, relative à la translation des Cendres de Napoléon; médaille boite de *Louis-Philippe*, contenant la Charte constitutionnelle; médaille en argent, sous *Louis XVIII*, relative au mariage du duc de Berry, en tout 6 p. dans des étuis et boites.

511 bis. — *Grégoire XVI*, médailles en or et en argent dans 1 étui.

512 — *Napoléon*, médaille en argent doré, pour le mariage, 2 médailles, 1 en or, 1 en argent, le Sénat et le Peuple.

513 — *Napoléon*, 1 grande médaille en argent à la mémoire du duc de Montebello, dans un étui.

514 — 1 médaille en bronze pour *Spontini*, 1 en argent de *Louis-Philippe*, à la mémoire du duc d'Orléans.

514 bis. — Médaille doré de Guttenberg ; 1 médaille de Grégoire XVI, en argent ; 1 médaille en argent de *Louis-Philippe*, relative à l'Arc-de-Triomphe et la même en bronze et 4 jetons de Louis XVIII, en argent.

515 — 22 jetons de la Chambre des Députés, du Conseil d'État, sous *Louis XVIII* et *Charles X*.

516 — 11 jetons et médailles en argent, de *Louis XVIII* et *Louis-Philippe*.

517 — 2 médailles en argent, effigies de *Balbi* et *Brunel*, pour le tunnel sous la Tamise.

518 — Grande médaille relative à la Gallicie, en 1845, par David, et divers clichés, 6 p.

519 — Essai en argent d'une couronne, à l'effigie de Victoria, 1847.

520 — Diverses médailles en étain, dont un atlas géographique, la Bourse de Birmingham et une grande médaille de Napoléon, relative à la machine infernale, an III.

521 — Médailles de *Guttemberg* et *Senefelder* de Françis Egerton, assassinat du duc de Berry, Louis-Philippe et Léopold Ier, roi des Belges, les réformateurs Calvin, de Beze, Viret et Farel, et les trois consuls, 6 p, en bronze, plusieurs dans des étuis.

522 — Médailles grands modules pour la restauration de la bibliothèque Sainte-Geneviève, le palais du ministère des affaires étrangères et l'agrandissement des Arts-et-Métiers, sous *Louis-Philippe*, 3 p. dans des boites.

523 — La famille de *Louis-Philippe*, grande médaille, elle n'a pas été dans le commerce.

524 — La même médaille.

525 — *Louis-Philippe*, très grande médaille par Bovy.

526 — *Louis-Philippe*, la prise de Saint-Jean d'Ulloa, grande médaille dans une boite, restauration du Palais de Luxembourg et réception des cendres de Napoléon, en tout 3 p.

527 — *Louis-Philippe*, restauration du palais du Luxembourg et inauguration de la statue du duc d'Orléans, 2 médailles dans des boites.

OMISSION.

528 — 1 p. arabe, diverses p. turques, pièce de Nuremberg, 2 petites médailles de Napoléon, etc., 13 p. en or.

529 — 2 p. de Charles-le-Chauve *Metallo*, 4 p. anglo-saxonnes portant *Canetti*, et un jeton de Louise de Bourbon, duchesse de Montpensier, en tout 8 p. en argent.

529 bis. — Jubilé de Genève et 9 jetons en bronze, de la famille royale sous Louis XVI.

530 — Pierres gravées antiques et pâtes, etc., 22 p. Cet article sera divisé.

530 bis. — Une grande quantité de monnaies grecques et romaines, monnaies en cuivre, sous, liards, de divers pays et divers règnes, médailles en bronze, clichés, etc., etc. *Ce numéro formera plusieurs lots qui seront vendus au commencement de chaque vacation.*

531 — Divers médaillers en acajou, en bois, boites-coffrets, qui contenaient les médailles, seront vendus sous ce numéro au commencement de la dernière vacation.

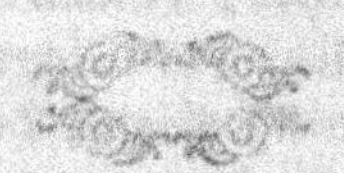

SECONDE PARTIE.

Vacation du lundi 10 décembre.

Tableaux, Dessins, Miniatures, Estampes et Curiosités.

TABLEAUX.

1 — *Peter Neefs*, 1637. Vue intérieure d'une église de Hollande, ornée de figures par Teniers. Bon tableau sur bois.
2 — *Houdekoeter* (Genre d'). Cocqs et poules.
3 — Perdrix sur des tables. 2 tableaux.
4 — Perdrix et geai. 2 tableaux.
5 — Chiens de chasse, 2 tableaux.
6 — Chasses au cerf et au sanglier. 2 tableaux.
7 — *Laer* (Pierre de). Repos de voyageurs.
8 — *Netscher* (Genre de), un fumeur.
9 — *Paul Brill* (Genre de). Paysage.
10 — *Bout et Baudwoins* (Genre). Intérieur de forêt, avec figures.
11 — *Meyer*, 1645 (Signé H. D.). Engagement de cavalerie sur un pont. Bon tableau.
12 — *Wouwermans* (manière de Pierre). Plage de Schevelingue.

13 — *Pierre Volpe*. Un hiver.

14 — Vue du château Saint-Ange et une marine. 2 tableaux sur cuivre, manière de *Van der Cabel*.

15 — *Van der Cabel*. Une marine, effet de soleil.

16 — Une marine. Petit tableau, genre de *Guillaume Van de Velde* dit *le Vieux*.

17 — *De Larive*. Passage d'un bac. Tableau agréable.

18 — *Tanneur* (M.). une marine.

19 — *Duncker*. Paysage montagneux. Bon tableau de l'école allemande, de la fin du XVIIIe siècle.

20 — *Teniers* (École de David). Village hollandais. Tableau sur bois.

21 — Une marine. Petit tableau sur bois par un artiste moderne.

22 — Saint-Thomas, il tient un bourdon. Tableau dans le goût du Caravage.

23 — *Piazetta*. Figures à mi-corps. Tableau gravé.

24 — *École italienne*. La Vierge et l'Enfant-Jésus. Tableau sur cuivre,

25 — *Coffman*, 1847. Portrait de M. Aimée Martin. Autre portrait de M. Aimé Martin.

26 — Portrait de l'abbé Delille.

27 — *Trimolet de Lyon*, en 1828. portrait de M. Aimé Martin.

28 — Portrait peint de Joseph Napoléon, roi d'Espagne, frère de l'empereur Napoléon.

29 — *Riquier* (M.). Portrait de M. Lainé, président du Corps Législatif, en 1815.

30 — *Bacler d'Albe* (Le général). Portrait du général Vial, ambassadeur de France en Suisse.

31 — Officier de cuirassier de la garde royale, en 1824, il est assis dans un jardin. Tableau par un artiste moderne.

32 — *Bonnemaison*, 1814. M. le général G. en costume de hussard.

33 — Portrait de Bernardin de Saint-Pierre jeune, en officier.

34 — Portrait de Mme C.

35 — Portrait de M. Aimé Martin, par un artiste moderne.

DESSINS.

36 — *Girodet*, 1815. Portrait de Bernardin de Saint-Pierre. Dessin très terminé au crayon et à l'estompe.

37 — Copie du précédent dessin, par M. L. D., 1816.

38 — *Géricault*. Carabinier chargeant. Belle aquarelle.

39 — *Michalowski*. Postillon et deux chevaux. Aquarelle.

40 — *Hubert* (M.). Etude d'arbre. Deux Dessins à la sépia.

41 — *Vagner*. Paysage à la gouache.
42 — Un dessin par *Girardet*.
43 — *Montaran* (Mme de), 1847. Marine. Dessin au crayon.
44 — *Cham*. Caricature. Aquarelle.
45 — *Hersent* (D'après M.). Mazet dit Lamperchio, conte de Lafontaine. Aquarelle.
46 — Scène familière, la Mère malade. Dessin au crayon.
47 — *P. M.* (Marqué des lettres). Les petits Savoyards. Dessin au crayon.
48 — *Jacquand*, 1846 (M. Claude). Un Moine italien quêtant pour les pauvres. Beau dessin au deux crayons.
49 — *Nicole*. Vues de Rome. 2 aquarelles.
50 — Groupe et guirlande de fleurs. Aquarelle dans le goût de *Vanspendouck*.
51 — *Panckoucke* (Mme), 1828. Bouquet de fleurs. 2 aquarelles.
52 — *Aimé Martin* (Mme). Bouquets de fleurs. 4 aquarelles.
52 bis. — Neuf dessins divers, à l'aquarelle.
53 — *Greuze* (D'après). Tête peinte par Mlle de Saint-Pierre.
54 — *Greuze* (D'après). Tête aux deux crayons, par Mlle de Saint-Pierre.
55 — *Dulion*. Portrait en buste de Bernardin de Saint-Pierre et son fils. Dessin au crayon ayant appartenu à Bernardin de Saint-Pierre.

56 — *Album de dessins*. 83 croquis à la plume, à la mine de plomb, au crayon, à l'aquarelle, etc., par Cassas, Robert, Sueback, Duncker, Dubois, Géricault, C. et M., Horace Vernet. Cet album pourra être divisé.

57 — *Album* in-fol., relié en veau violet, contenant environ 90 dessins et croquis à la plume, au crayon et à l'aquarelle. Par M. *Decamps*, 2 belles aquarelles; M. *Horace Vernet*, 1 croquis au crayon; *Géricault*, croquis; *Charlet*, aquarelle et sepia; *David*, dessin à la plume et au crayon; par MM. *Granet*, *Bouton*, *Paul Martin*, intérieurs à l'aquarelle; par MM. *Desmoulins*, *Volmar*, *Deveria*, *Oscar Gué*, *Alaux*, *Dubois*, *Caminade*, *Lafitte*, *Rænh*, etc., divers sujets et paysages, à la sepia et à l'aquarelle; par MM. *Fatelet*, *Mozin*, *Tanneur*, *Goqlain*, *Nicolle*, *Leprince*, *Hippolyte Lecomte*, etc., paysages, marines et oiseaux; par *M. de Saint-Jean*, *Mme de Courcelle*, *Mlle de Saint-Pierre*, etc.

Cet Album sera présenté dans son intégrité; si la mise à prix n'est pas couverte, il sera divisé.

58 — *Album* contenant des costumes, vues et scènes suisses coloriées, et diverses lithographies aussi coloriées.

59 — Neuf beaux dessins chinois coloriés, manda-

rins et femme de mandarins, reliure du pays, couverture en soie.

60 — Vingt dessins indiens coloriés, costumes.

61 — Vingt-quatre dessins chinois au trait, sur papier de Chine, représentant les Métiers.

MINIATURES.

62 — Poquelin de Molière, petit dessin ayant appartenu à Le Kain.

63 — *Beaudouin.* Petits paysans dans un paysage. Gouache très fine, cadre de velours.

64 — *Kleingtel* (Claude-Gustave, né à Riga, en 1657, mort à Paris en 1734). Homme et femme vus à mi-corps. Un dessin miniature, cadre en ébène, cercle doré.

65 — Portrait de Ducis. Miniature d'après Gérard.

66 — Deux miniatures sur ivoire : les deux Filles de Niobé.

67 — *Chabannes, 1825.* Portrait d'homme et un autre portrait. Cadres en cuivre. Deux dessins en miniature.

68 — Un portrait du pape Grégoire XVI, peint en Italie et donné par Sa Sainteté.

69 — Portraits de M. et Mme ***. Deux miniatures, cadre en bois de citron.

ESTAMPES ENCADRÉES.

70 — *Desnoyers* (M.). La Vierge dite la Belle Jardinière, d'après Raphaël. — Bélisaire, d'après Gérard. Deux estampes.

71 — *Bettelini*. Mater Amabilis, d'après Allori. Epreuve avant la lettre.

72 — *Jazet* (M.). L'Atelier de M. Horace Vernet.

73 — *Laugier* (M.). Zéphyre se balançant, d'après Prud'hon.

74 — Six estampes encadrées : sujets de Paul et Virginie.

75 — *Woollett*. Bataille de la Hogue, d'après B. West. — Bataille de la Boyne, par *Hall*. Deux estampes.

76 — *Gessner*. Huit paysages à l'eau-forte, plus une ballade allemande, planches lithographiées.

77 — Portraits de Napoléon, de Bernardin de Saint-Pierre, de Panckoucke, etc. Quatre portraits dessinés et gravés.

78 — Portraits de M. de Lamartine, de généraux et autres personnages contemporains. Onze pièces gravées, lithographiées et dessins.

79 — Un grand nombre de deffets de vignettes pour les œuvres de Bernardin de Saint-Pierre, et son portrait d'après Girodet.

80 — Diverses cartes et plans encadrés et collés sur toile.

Bronze, Marbre, Statuettes, Ivoire, Porcelaine, Verroterie, Tabatières, Armes et divers autres Objets de curiosité.

81 — Deux cassolettes en bronze sur socle en marbre vert de mer.

82 — Brûle-parfum en bronze artistique.

83 — L'Ange gardien. Bronze artistique.

84 — Encriers en bronze, serre-papier avec sangliers et biches, etc.

85 — Une main en bronze.

86 — Petite pendule et deux flambeaux en bronze.

87 — Portefaix de Brest. Figurine en bronze.

88 — Statuette en bronze de M. le général G***.

89 — Un pape et une princesse italienne. Deux portraits sculptés en ivoire et encadrés en ébène et marqueterie.

90 — La Flagellation. Ivoire sculpté.

91 — Un Saint-Esprit en filigrane d'argent, dans un cadre en ébène.

92 — Buste en marbre de M. Aimé Martin.

93 — *Chaudet*. Paul et Virginie enfants dans le même berceau. Terre cuite.

94 — Statuette en plâtre de M. le général Moline de Saint-Yon.

95 — *Chardigny, 1819* (M.). Buste en applique de Bernardin de Saint-Pierre.

96 — Buste en plâtre de Bernardin de Saint-Pierre et de M. de Lamartine.

97 — Quatre coupe-papier en nacre, en niellure, etc.

98 — Un chapelet en agate donné par le pape Grégoire XVI.

99 — Divers objets, verroterie, modernes, petites figures en porcelaine, un vase en marbre, statuettes en plâtre, etc.

100 — Petit vase en porcelaine de Chine, monté en bronze.

101 — Un nécessaire chinois en laque et garni en argent.

102 — Onze boîtes en laque, bois de Spa, acajou, boîtes à cigares, à thé, etc. Cet article sera divisé.

103 — Tabatière en bois, écaille et ébène, avec deux fixés de J. Vernet.

104 — Tabatière avec une marine à l'aquarelle, par Garneray.

105 — Une tabatière : mort de Turenne. Aquarelle.

106 — Une tabatière en écaille garnie en argent, avec miniature du quinzième siècle.

107 — Dix tabatières anglaises en divers bois vernis. Cet article sera divisé.

108 — Boîte avec miniature et aquarelle.

109 — Une tabatière et un souvenir avec bouquets de fleurs peintes sur porcelaine.

110 — Une bombonnière en ivoire avec bouquets de fleurs sculptées. Une boîte à cure-dents en ivoire sculpté.

111 — Une longue-vue en argent de Ramsen de Londres.

112 — Une sphère terrestre, montée sur socle en acajou.

113 — Un yatagan, fourreau en argent.

114 — Une épée de ville à poignée d'argent, ayant appartenu à Bernardin de Saint-Pierre.

115 — Trois épées d'ordonnance de général.

116 — Deux sabres de bataille, forme courbe.

117 — Un grand sabre de cavalerie.

118 — Deux fleurets.

119 — Les articles omis.

1538 Imprimerie et lith. de Maulde et Renou, rue Bailleul, 9-11

www.ingramcontent.com/pod-product-compliance
Ingram Content Group UK Ltd.
Pitfield, Milton Keynes, MK11 3LW, UK
UKHW022122260726
13993UKWH00003B/1186